I0843420